This coloring book belongs to:

____

____

____

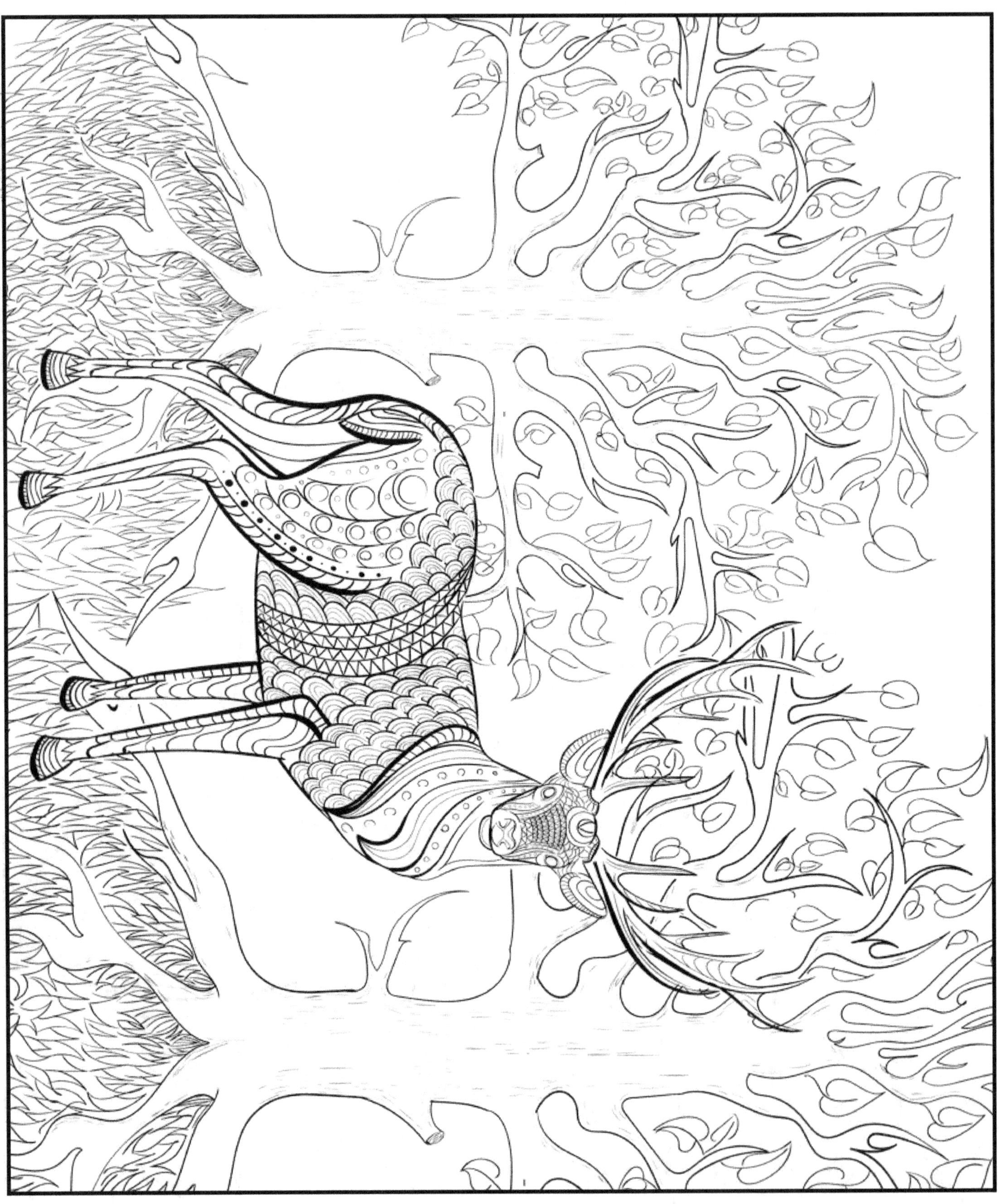

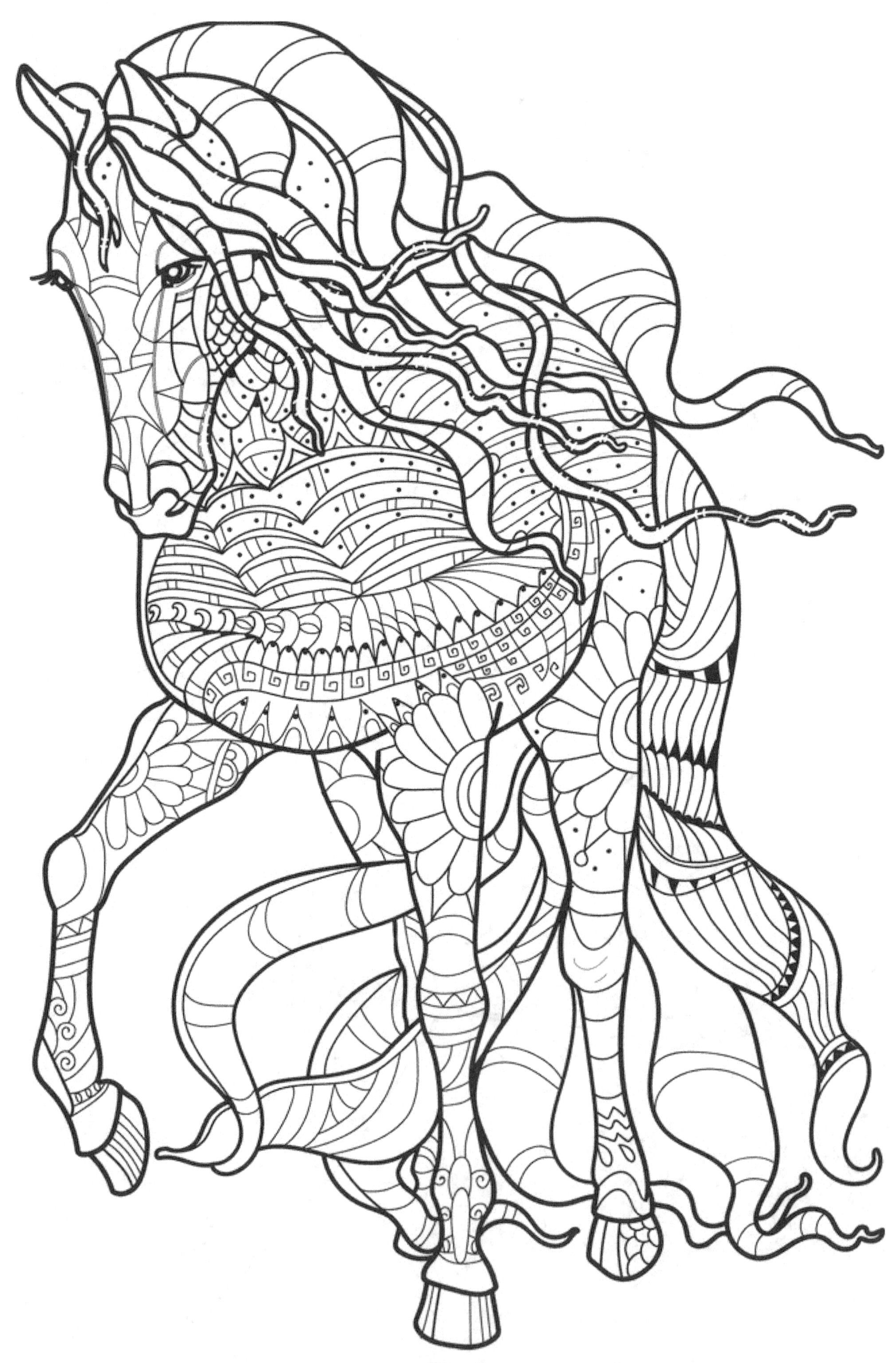

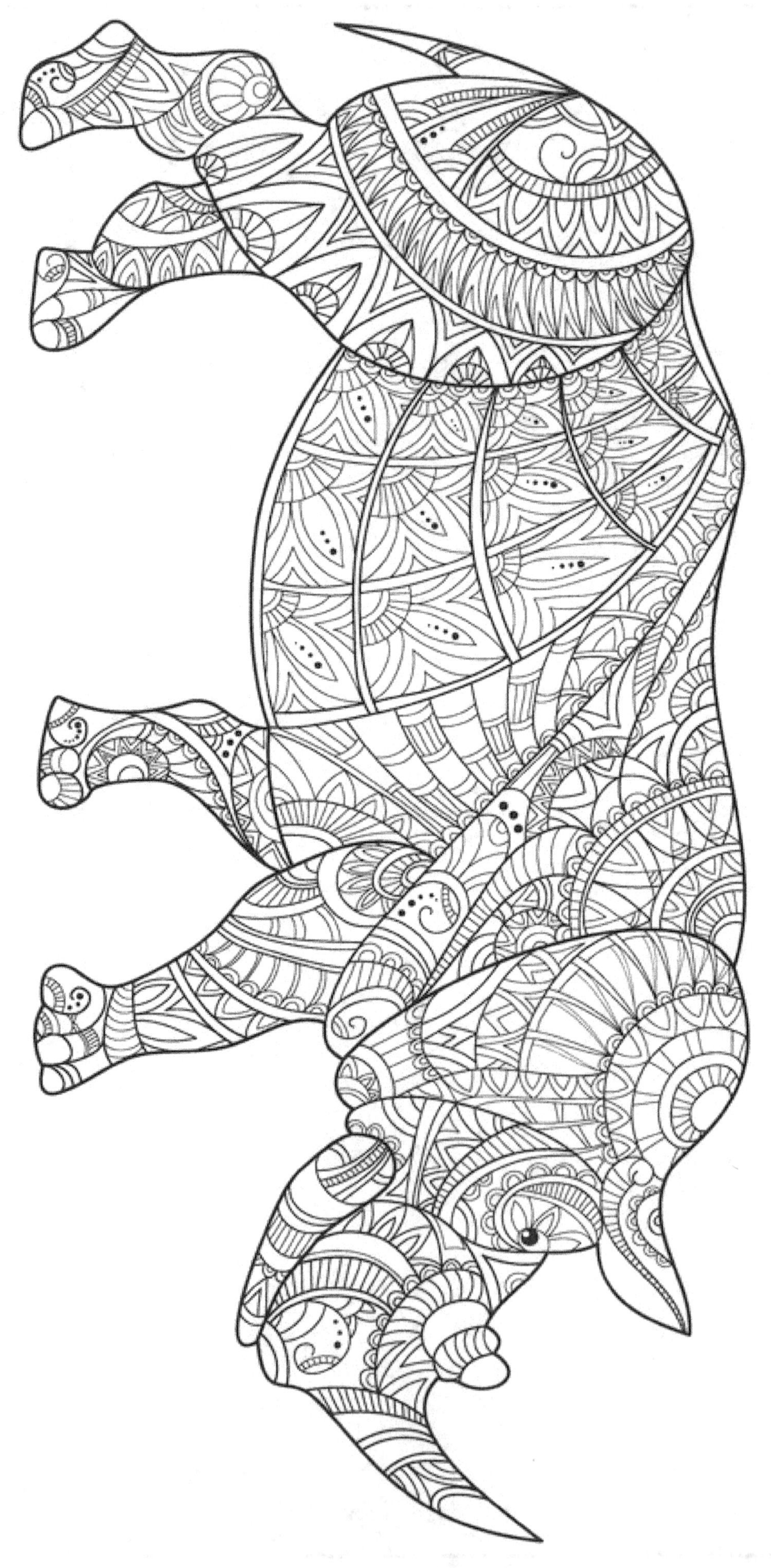

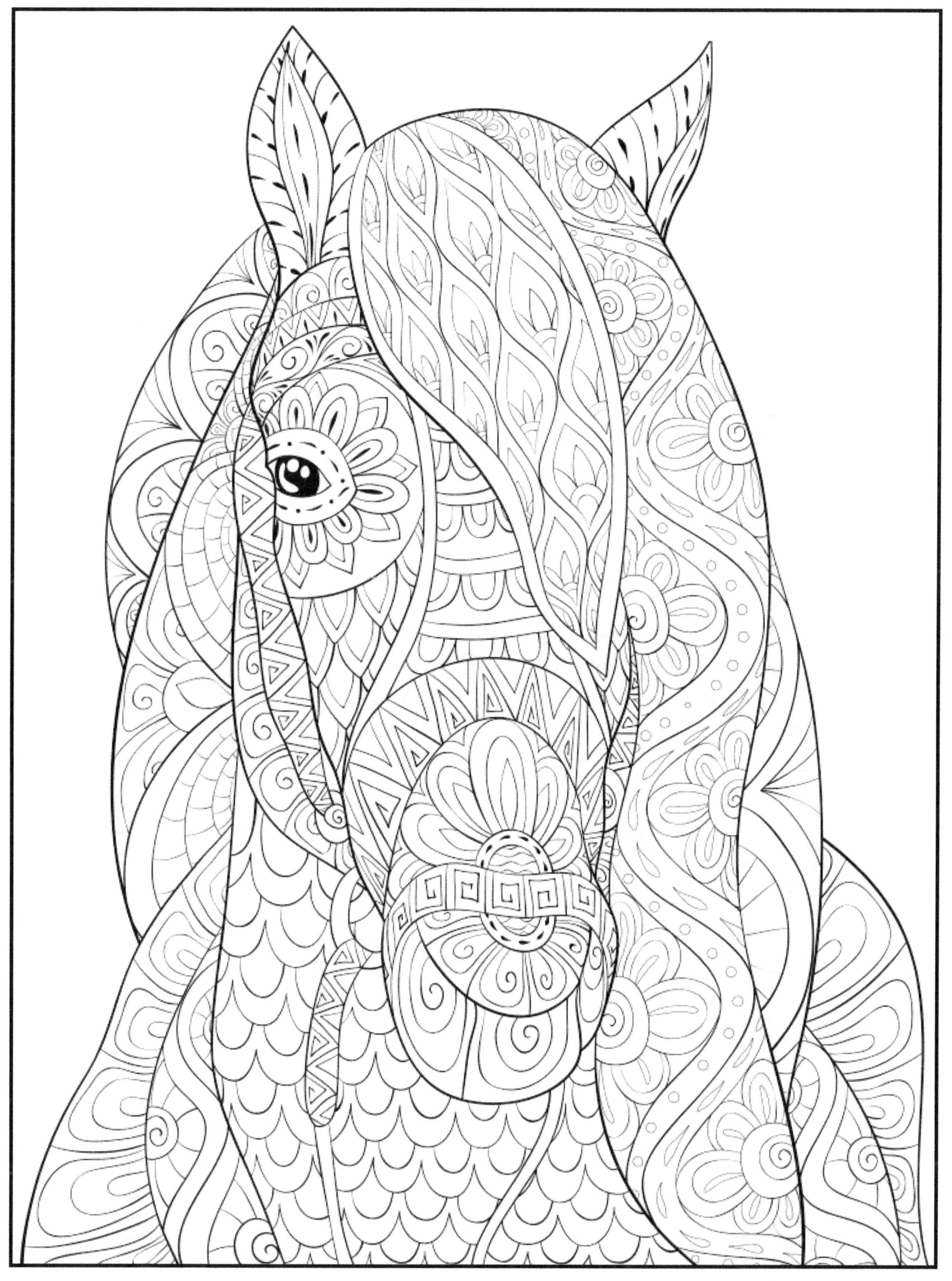

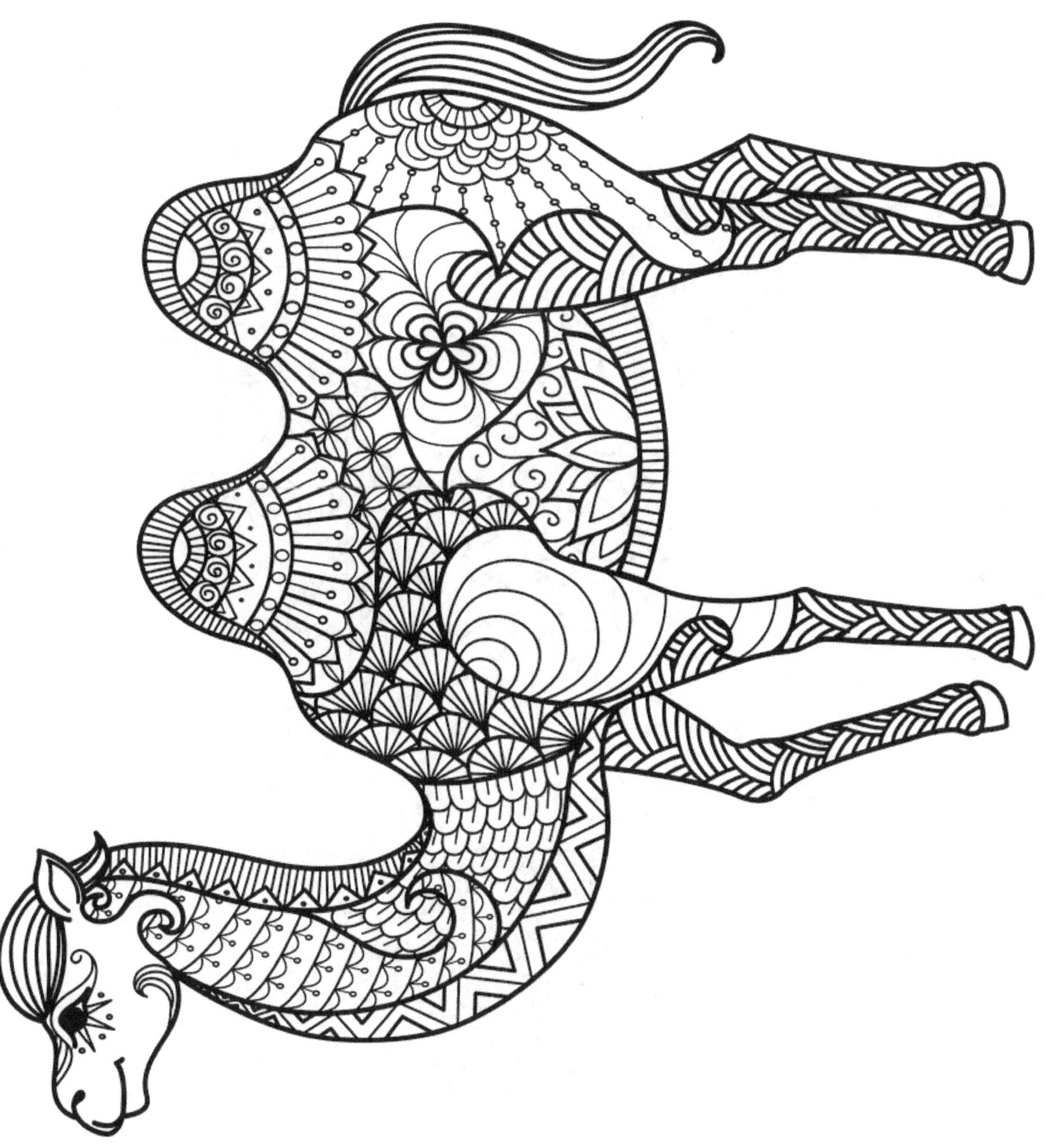

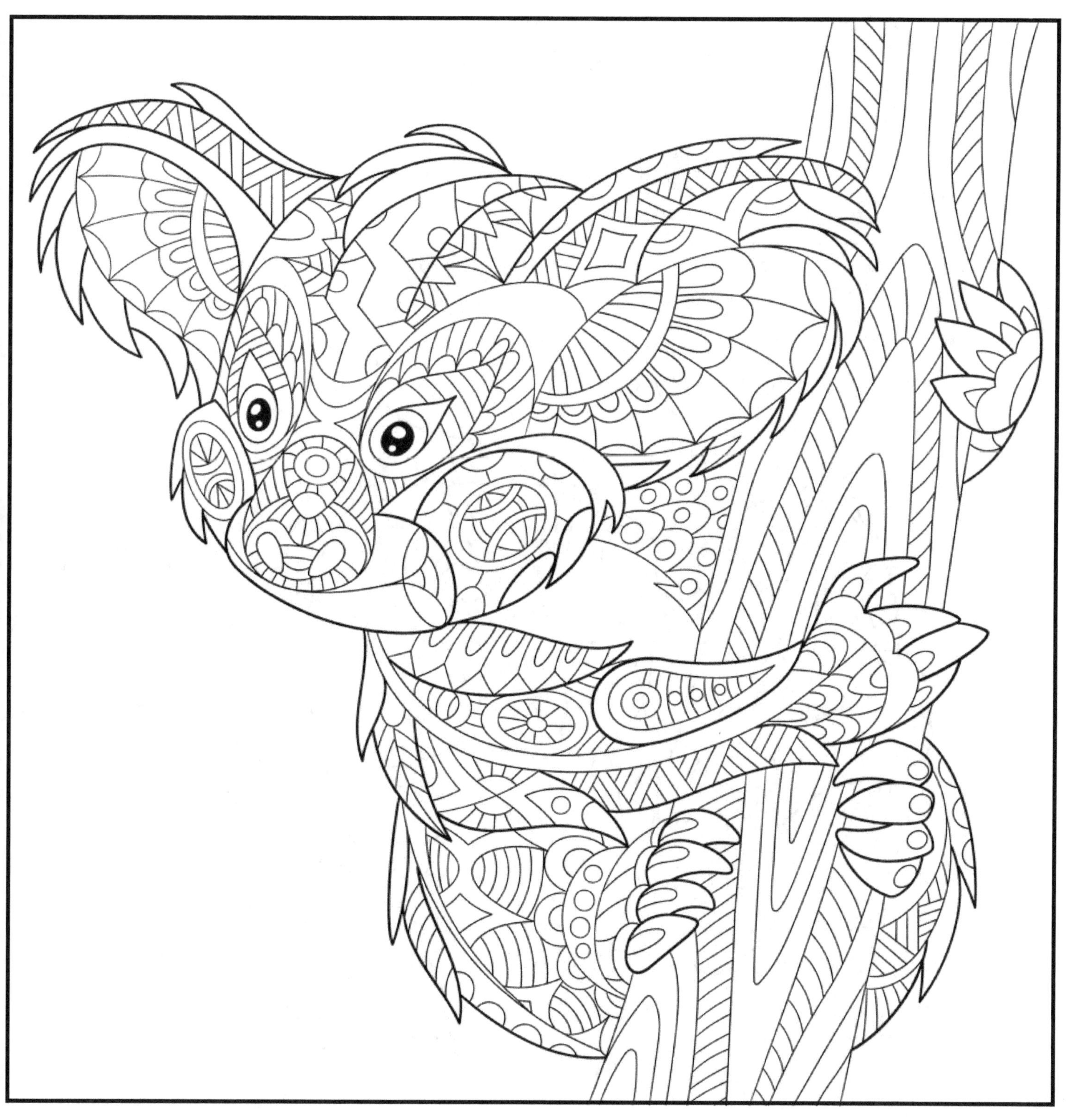

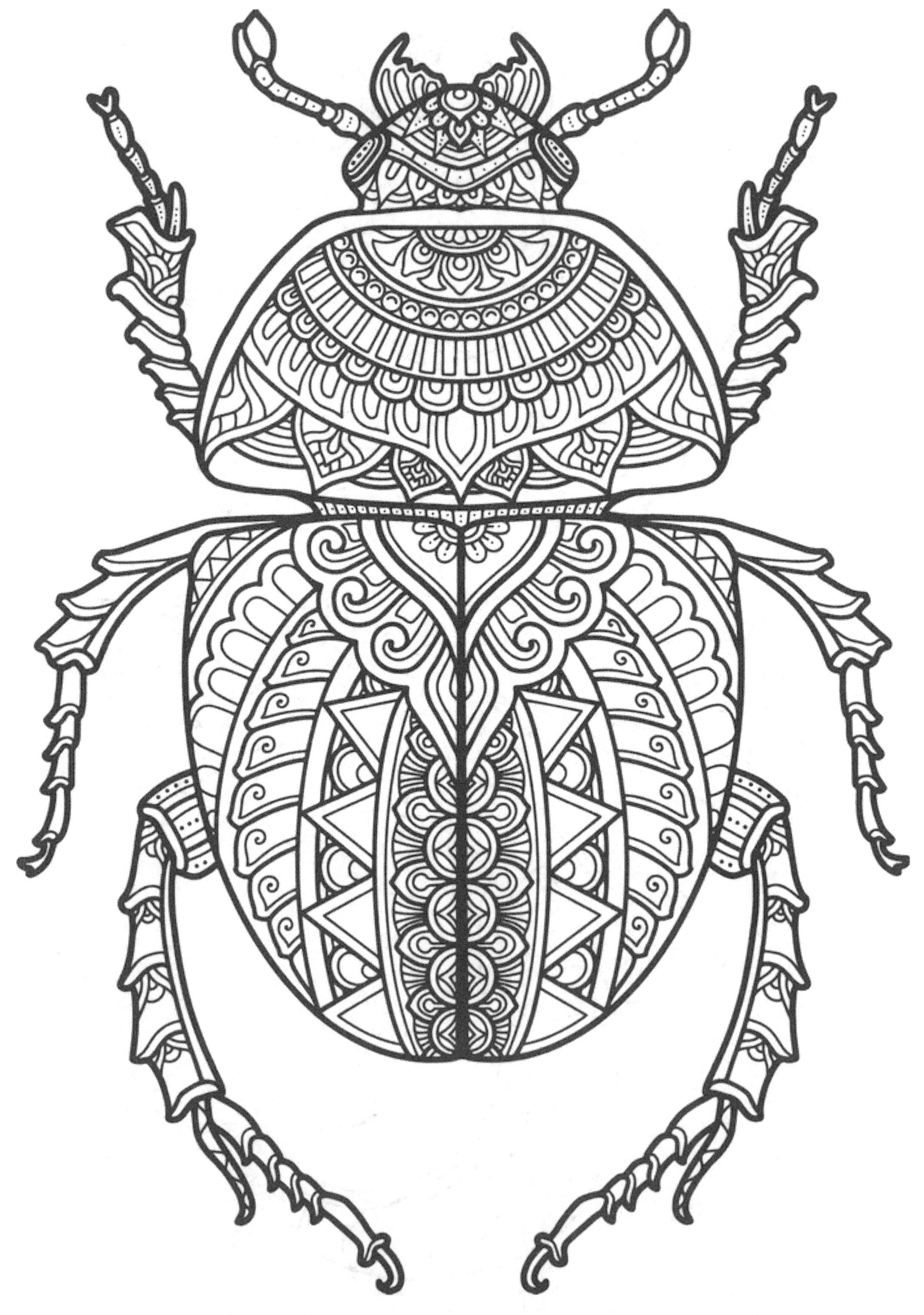

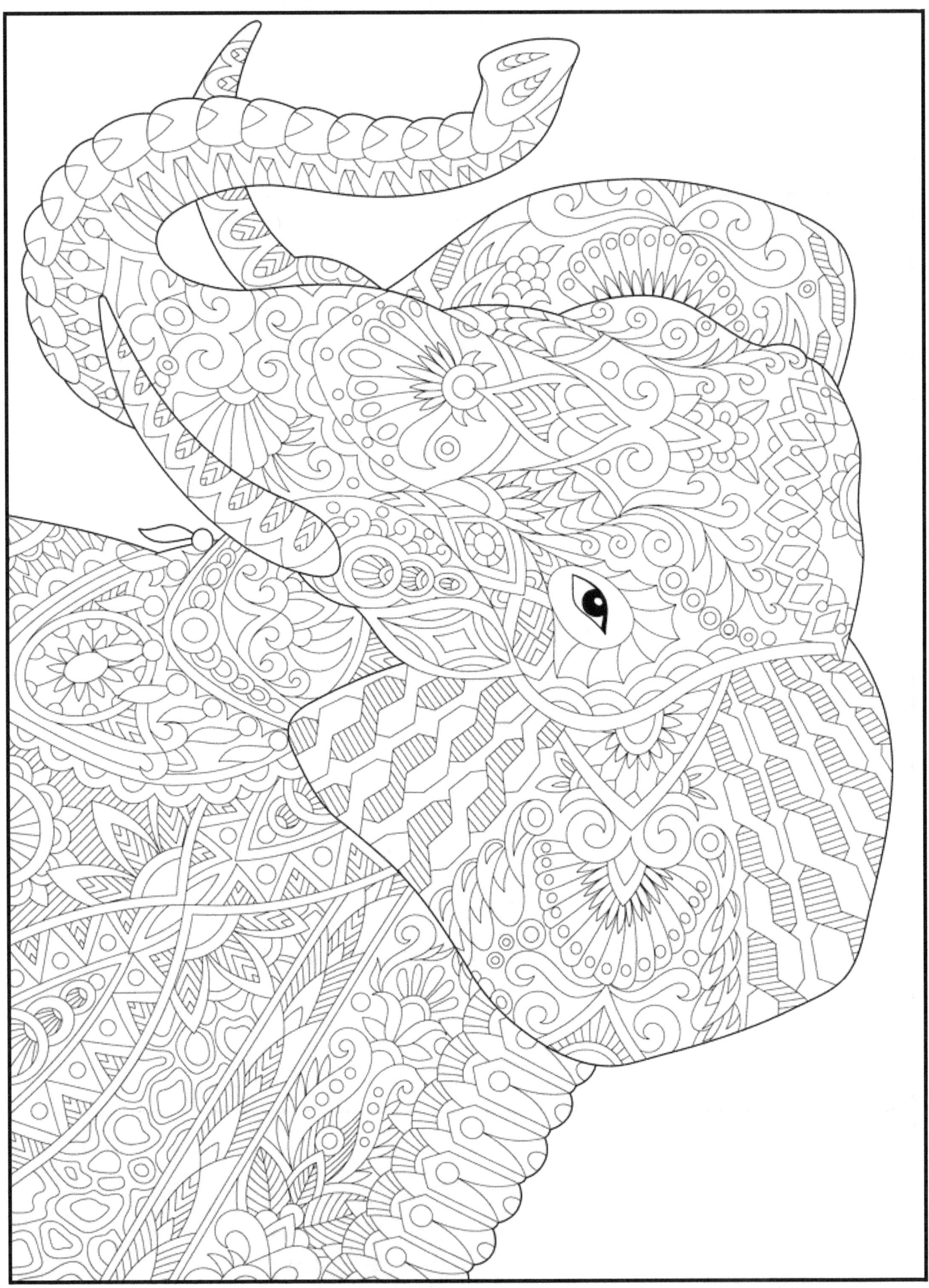